JN438090

가슴속에 피는 꽃

정문규 제2한시집

문학공원 시선 252

가슴속에 피는 꽃

정문규 제2한시집

가슴속에 피는 꽃은 함부로 팔지 않는다네
봄꿈이 꿈의 봄이 되는 인생
달 잔에 별을 부어 매화에 취하면 족하다네

문학공원

시인의 말

이백이 오면 이백과 놀고
두보가 오면 두보와 놀았다
해 뜨면 꽃구경, 달 뜨면 임 사랑
달 술잔에 별술 마시니 세월 취했다
높은 산도 멀리서 보면 낮고
굽은 길도 멀리까지 오니 평길이었다
꽃이 피고 짐이 내게는 의미 없었다
꽃은 늘 마음속에 피어 있으니까

내 가슴속에 피는 꽃이
당신의 가슴속에서도
어여삐 피어났으면 좋겠습니다

2024년 초여름

창평고에서 정 문 규

〈서문〉

한학(漢學)에 관한 해박한 지식과 중용(中庸)의 미학(美學)

김 순 진(문학평론가 · 한국문인협회 이사)

정문규(鄭紋圭) 시인이 그의 여덟 번째 저서이자 두 번째 한시집(漢詩集)인 『가슴속에 피는 꽃』을 펴낸다. 2013년에 펴낸 시집 『입술』로 말하자면 10년 만에 내는 시집이고, 2003년에 펴낸 한시집(漢詩集) 『달이 나비 되어 세월 건너면』으로 말하자면 20년 만에 내는 시집이다. 그동안 그는 무엇을 하고 있었던 것일까? 그 이유를 아마도 이 한시집(漢詩集) 『가슴속에 피는 꽃』에서 찾을 수 있을 것 같다.

이 한시집(漢詩集) 『가슴속에 피는 꽃』은 크게 네 부분으로 구성되어 있다. 겉으로 드러난 봄, 여름, 가을, 겨울이라는 사계(四季)가 구성이라지만, 그 내면을 살펴보면 한학에 대한 이해, 작가로서 가져야 할 덕목, 자연에 대한 관찰과 순응, 성현을 본받는 마음 등이 주된 중용(中庸)의 미학(美學)으로 전개되고 있다. 용광로 속의 쇳물은 일정한 온도가 올라가야만 원석에 들어 있던 불순물들을 제거할 수 있고, 순수한 철이 만들어져 산업재료로 사용할 수 있다. 그렇듯 정문규 시인의 내면은 지난 10년 동안 용광로처럼 끓고 있었다. 불만과 아집, 시기와 자만심이란 불순물을 걸러내는 작업을 위해 10년의 세월이 필요했던 것이다.

정문규 시인은 앞서 말한 바와 같이 한학(漢學)에 대한 해박한 지식을 가지고 있다. 이는 그가 지난 30여 년 동안 고등학교에서 국어와 한문을 가르치는 교사로서 수업을 준비하고 학생들의 질문에 응하는 과정 속에서 체득된 작가가 가져야 할 덕목으로 매우 중요한 자산이다. 그는 24절기의 운용과 뜻, 과정을 이해하고 있을 뿐만 아니라 이 시집에 나오는 수많은 성현과 고사성어에 대한 일화를 알고 있어, 그가 공연히 지식 자랑으로 한시를 쓰고 있는 것이 아님을 독자는 단박에 알아차릴 수 있다. 그의 한시 「봄꿈」에 나오는 도연명(陶淵明)과 이태백[(李太白), 이백(李伯)]은 중국을 대표하는 시인들이며 술을 좋아하는 공통점을 가지고 있다. 도연명은 「귀거래사(歸去來辭)」를 쓰면서 전원생활에 대한 염원을 노래했는데, 정문규 시인이 화순(和順)에서 태어나 무등산을 품으로 담양(潭陽)을 떠나지 않고 그곳에서 직장생활을 하며 시를 쓰는 이유도 '도연명에 감화되어 그런 것이 아닐까?'라고 나는 추측한다. 이태백은 두보(杜甫)와 함께 쌍벽을 이루는 시인으로, 이백은 방랑 생활을 하며 세월을 낚는 시인으로 널리 알려져 있으니, 한곳에 정착한 정문규 시인과는 거리가 좀 있지만, 자연을 노래한 시인이라는 데는 공통점이 있다.

내가 왜 정문규 시인의 한학에 대한 해박한 지식을 높게 평가하느냐 하면 그의 시 「하지 풍경」에 나오는 요조숙녀 항아(姮娥)를 알고 있어서다. 항아는 중국 신화에 나오는 달의 여신으로 알려져 있는데, 뭇 묵객들이 시와 소설에서 그녀의 아름다움을 찬양의 대상으로 삼았기 때문이다. 우리가 최대명절로 꼽는 추석은 중국에서도 중추절이라 하여 항아를 기리는 데서 시작되었으니, 물 흐르듯 이런 고사성어를 시에 흘려 넣는 필치가 가히 무릎을 칠 일이다. 김정희 선생의 그림 '세한도(歲寒圖)'에서 분위기를 따온 그의 시 「세한도(歲寒圖)」 역시 그 기품과 절제미, 매서운 인생 바람과 추위를 견디는 작가정신이 뛰어나다 하겠다.

그는 24절기뿐만 아니라 3월 3일 삼짇날, 7월 7일 칠석(七夕), 9월 9일 중양절(重陽節) 같은 고유의 명절

까지 꿰고 있었으며, 이를 시에 응용함으로써 이를 모르고 지나치려는 현대인들에게 좋은 가르침을 준다. 특히 그의 시 「중양절의 노래」에 나오는 중양절은 고대국가 시대부터 이어져 오던 우리 민족의 중요한 명절인데, 추수할 시기에 추수감사절 같은 절기였다. 부여의 영고나 고구려의 동맹, 동예의 무천, 삼한의 수릿날, 계절제와 같은 의미로 이런 의미를 알고 시에 접목한 그의 혜안에 감탄한다.

게다가 정문규 시인은 고향 화순과 담양, 남도를 두루두루 매우 사랑하고 있어서 「화순지사」, 「죽녹원에서」, 「청운학숙」, 「화엄사에서」, 「천사십이사도길」 같은 향토 시를 짓는다는 것은 향토 시인의 역할을 충분히 해내고 있다는 점에서 높이 살 수 있는 대목이다.

이상에서처럼 정문규 시인은 지난 10년간 학생들을 열심히 가르친 것과 같이 자신을 열심히 채찍질하며 절차탁마(切磋琢磨)해 오셨던바 이번에 펴내는 한시집(漢詩集)인 『가슴속에 피는 꽃』은 완숙되어 가는 학자 시인 정문규를 바라보는 데 좋은 가늠자가 되리라 믿으며 추천사에 갈음한다.

차례

제1부 봄

- 동백 아가씨

제2부 여름

- 죽녹원에서

제3부 가을

- 황진이의 보름달

제4부 겨울

- 겨울의 마음

제1부

봄

- 동백 아가씨

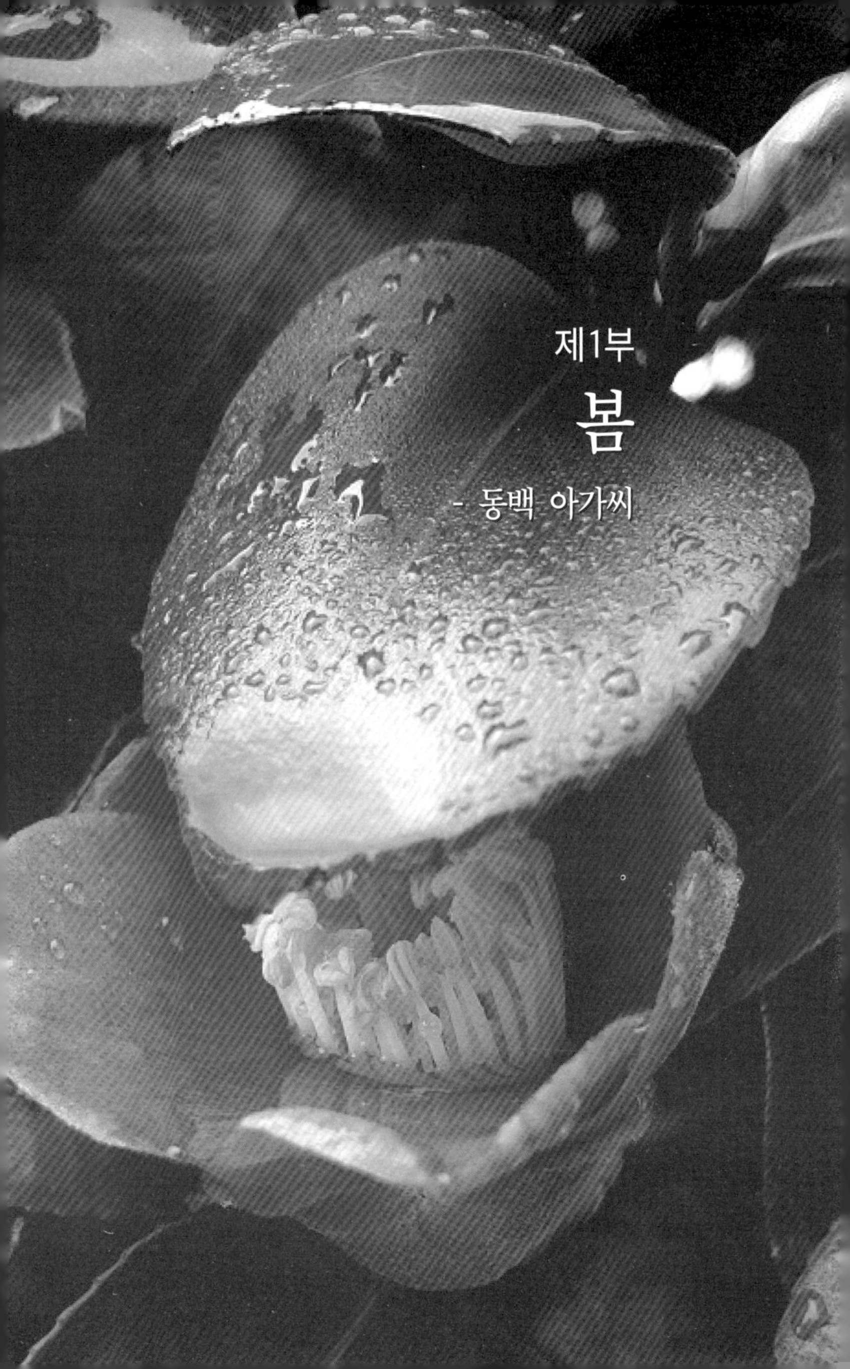

원단(元旦)

영접최성단(迎接最聖旦)
영접최귀상(迎接最貴像)
획려몽심지(劃麗夢心紙)
영위최복생(營爲最福生)

새해 아침

가장 신성한 아침을 맞이하라
가장 고귀한 모습을 맞이하라
마음 종이에 고운 꿈을 그려라
가장 행복한 삶을 살게 되리라

절기행(節氣行)

입춘우수고춘문(立春雨水敲春門)
경칩춘분취매훈(驚蟄春分醉梅薰)
청명곡우다일잔(淸明穀雨茶一盞)
입하소만장미순(立夏小滿薔薇脣)
망종하지녹음군(芒種夏至綠陰裙)
소서대서선가문(小暑大暑蟬歌文)
입추처서실솔운(立秋處暑蟋蟀韻)
백로추분국주준(白露秋分菊酒樽)
한로상강강무둔(寒露霜降江霧屯)
입동소설서설분(立冬小雪瑞雪雰)
대설동지몽연군(大雪冬至夢戀君)
소한대한심재춘(小寒大寒心再春)

절기(節氣)

입춘, 우수에 봄 문을 두드리니
경칩, 춘분에 매화 향기에 취하도다
청명, 곡우에 차 한 잔이라
입하, 소만에 장미의 입술
망종, 하지에 녹음의 치맛자락
소서, 대서에 매미의 노랫가락
입추, 처서에 귀뚜라미 소리
백로, 추분에 국화주 술동이라
한로, 상강에 강 안개가 머무르니
입동, 소설에 상서로운 눈 날리네
대설, 동지에 그리운 임을 꿈꾸니
소한, 대한에 마음 다시 봄이로다

사계 여심(四季余心) · 2

춘흉발아여심요(春胸發芽余心搖)
하신강우도홍교(夏身降雨渡虹橋)
추풍시락몽로홍(秋風詩落夢路紅)
동천강설연군묘(冬天降雪戀君渺)

사계의 내 마음 · 2

봄의 가슴이 싹틔우니 내 마음 흔들리고
여름의 몸에 비 내리니 무지개다리 건너네
가을바람에 시가 떨어지니 꿈길도 붉은데
겨울 하늘 눈은 내리는데 그리운 임은 아련하네

사계 풍광(四季風光)

춘향출자지(春香出自地)

하홍출자천(夏虹出自天)

추경란하출(秋景蘭何出)

동설적여련(冬雪積余戀)

사계절의 풍광

봄 향기는 땅에서 나오고
여름 무지개는 하늘에서 나오네
가을 경치 난초는 어디에서 나오는가
겨울눈이 내 그리움에 쌓이네

입춘망(立春望)

설리맥맹아토상(雪裏麥萌芽土上)
천변유지풍지정(川邊柳知風之情)
빙하수수희빙흉(氷下水手戲氷胸)
야상남류함일광(野上嵐類含日光)
동시종흉중춘정(冬始終胸中春情)
하수흔연내지왕(何誰欣然來持往)
수연년내춘개화(雖年年來春開花)
여심개정유일정(余心開情唯一正)

입춘에의 소망

눈 속 보리는 흙을 뚫고 얼굴 내밀고
시내 버들은 바람의 뜻을 아는구나
얼음 아래 물손은 얼음 가슴을 간지럽히고
들 위에 아지랑이는 햇살을 품었구나
겨우내 가슴속 담아 놓은 봄의 마음을
어느 누가 선뜻 와서 가져가시려나
해마다 봄은 와서 꽃이 핀다고 하지만
이내 가슴 피는 정(情)은 딱 한 번뿐인 것을

입춘 서정(立春抒情)

계변양지요면춘(溪邊楊枝搖眠春)
춘심매화동백운(春心梅花冬栢云)
여춘이두견화개(余春已杜鵑花開)
군심상설혹빙언(君心尙雪或氷焉)

입춘 서정

시냇가 버들가지는 자는 봄 흔드는데
봄의 마음은 매화일까, 동백일까
나의 봄은 이미 진달래 피었는데
임의 마음은 왜 아직 눈인지 얼음인지

우수(雨水)

홍매홍안나춘풍(紅梅紅顔拏春風)
동백단순칩단풍(冬栢丹脣蟄丹楓)
평야애맥발유아(平野艾麥發幼芽)
노변양류무발충(路邊楊柳舞髮充)
연년춘우만물생(年年春雨萬物生)
연년청춘백발붕(年年青春白髮朋)
수사사우낙여생(雖乍斜雨落余生)
순간영원영화풍(瞬間永遠迎花風)

우수(雨水)

홍매 붉은 얼굴, 봄바람을 붙잡고
동백 붉은 입술, 단풍을 숨게 하네
들판 쑥과 보리, 어린싹을 틔우고
길가에 버드나무, 긴 머리 찰랑찰랑
해마다 봄비는 만물을 살리는데
해마다 청춘은 백발이 벗이라네
비록 잠깐 스친 비, 내 생에 떨어져도
순간도 영원, 꽃바람으로 맞이하네

상원만월(上元滿月)

천원우월원(天圓又月圓)
인원심하행(人圓心何行)
월흉리포춘(月胸裏抱春)
아심수종행(我心誰從行)

정월대보름 보름달

하늘도 둥근데 달도 둥글구나
임의 둥근 마음 어디로 가나
달의 가슴은 봄을 품었는데
이내 마음은 누구를 따라가나

어 이월 초일(於二月初一)

만물개안접일광(萬物開眼接日光)
소녀향발비사양(小女香髮飛似楊)
여심위접탐색화(予心爲蝶探索花)
여비책과오춘향(余非責過誤春香)

이월 초하루에

만물이 눈을 뜨고 햇빛을 맞이하니
소녀의 향기론 머리카락 버들가지처럼 나부끼네
나비 되어 꽃을 찾아가는 내 마음
봄 향기 잘못이지, 내 책임 아니라오

동백랑(冬栢娘)

동백자주적단홍(冬栢紫朱赤丹紅)
봉비래불승춘향(蜂飛來不勝春香)
연년춘정첨상사(年年春情添相思)
하시연군래사창(何時戀君來紗窓)

동백 아가씨

동백이 붉고 붉고 또 붉으니
벌이 봄 향기 이기지 못하고 날아드네
해마다 봄 정취는 그리움 더해 가는데
언제쯤 사무치는 임은 내게 오시려나

매화(梅花)

어추동부지매자(於秋冬不知梅子)
개화연후지춘자(開花然後知春姿)
여흉개화부지애(余胸開花不知愛)
이별연인지사사(離別戀人知思思)

매화(梅花)

가을, 겨울에는 매화나무인지도 몰랐네
꽃을 피우고서야 봄인 줄 알았네
내 가슴에 핀 꽃, 사랑인 줄도 몰랐네
그대 떠나고 나서야 사무친 그리움인 줄 알았네

홍매(紅梅) · 2

엄동생포춘(嚴冬生抱春)
수지활옹설(樹枝活擁雪)
여홍흉하생(余紅胸何生)
유연거회절(唯戀居懷節)

홍매(紅梅) · 2

추운 겨울은 봄을 품고 살고
나뭇가지는 눈을 품고 사는데
이내 붉은 가슴 무얼 품고 사나
오직 그리움만 절개 품고 사네

춘정여심(春情女心)

화분난분분지춘(花粉亂紛紛知春)
운작교애비금천(雲雀咬靄飛錦天)
토기생동야흉요(土氣生動野胸搖)
만산초록심우연(萬山草綠心又然)
연년불청춘재래(年年不請春再來)
연연거인추엽언(戀戀去人秋葉焉)
처녀흉중도화개(處女胸中桃花開)
원군하시래도원(遠君何時來桃源)

춘정여심(春情女心)

꽃가루 어지러이 흩날리니 봄을 알았는지
종달새 아지랑이 물고 비단 하늘을 나네
흙 기운 살아 움직이니 들 가슴 흔들리고
온 산들이 초록이라 마음까지도 푸르도다
해마다 부르지 않는 봄은 다시 오건마는
그립고 그리운 떠나간 임은 어찌 가을 낙엽인가
처녀의 가슴엔 복사꽃 피었건만
머나먼 임, 언제쯤 무릉도원(武陵桃源)에 오실는지

춘분 서정(春分抒情)

세세연년춘인사(歲歲年年春人事)
만화합창조작사(萬花合唱鳥作詞)
하행화로여심람(何行花路余心嵐)
청여자수여심사(請汝刺繡予心紗)

춘분 서정(春分抒情)

해마다 봄이 인사하러 오니
온갖 꽃은 합창하고 새는 노랫말 짓네
어디로 가든 꽃길이니 내 마음은 아지랑이
청컨대 그대여, 내 마음 비단에 수를 놔주오

춘삼월 춘향가(春三月春香歌)

춘우화개잡송가(春雨花開雧頌歌)
수목착의안전가(樹木着衣眼前嘉)
연년춘래신이추(年年春來身已秋)
일일급왕심기하(日日急往心氣何)
풍광자도불요책(風光自道不要冊)
자연자액불획화(自然自額不劃畫)
하래불래가사춘(夏來不來可死春)
심중연군충만사(心中戀君充滿思)

춘삼월 춘향가(春三月春香歌)

봄비에 꽃이 피니 새 떼 모여 노래 부르고
나무들 옷 입으니 눈앞이 즐거워라
해마다 봄은 오지만 몸은 이미 가을이라
하루하루 급히 가니, 마음 어찌할 바 모르겠네
풍광은 스스로 도(道)라, 책이 필요 없고
자연은 저절로 액자라, 그림 그릴 필요 없네
여름이야 오든지 말든지 봄에 죽어도 좋아라
마음속 그리는 임, 생각으로 가득 찼으니

사춘(思春)

설중매우홍(雪中梅尤紅)
설심연순백(雪心緣純白)
어엄동사춘(於嚴冬思春)
청춘유불복(青春由不復)
심중애우열(心中愛尤熱)
연모인증측(戀慕因增測)
항상여연여(恒常余戀汝)
수애유불객(受愛由不客)

봄을 생각하며

눈 속에 매화가 더욱 붉음은
눈의 마음이 순전히 하얀 까닭이요
추운 겨울에 봄을 생각함은
청춘이 돌아오지 않는 까닭이다
마음속 사랑이 더욱 뜨거움은
그리움이 갈수록 깊어서이고
늘 내가 그대를 그리워함은
받은 사랑, 손님이 될 수 없음이라

사어춘(思於春)

개안화뢰폐안몽(開眼花蕾閉眼夢)
원위운작어창공(願爲雲雀於蒼空)
어춘노소개청춘(於春老少皆靑春)
임리천여망포옹(林裏贔汝望抱擁)

봄에 생각하노라니

눈뜨면 꽃봉오리, 눈감으면 꿈
푸른 하늘의 종달새가 되고파라
봄에는 늙으나 젊으나 다 청춘
숲속 맑은 물줄기 그대, 껴안고 싶어라

상춘(想春)

춘춘여지신불춘(春春余之身不春)
화화여지순불화(花華汝之脣不花)
정신상보청춘도(精神尙步靑春途)
두상이위위화화(頭上已韡韡樺花)

봄을 생각하노라니

봄은 봄이어도 나의 몸은 봄이 아니요
꽃은 꽃이러니 그대 입술은 꽃이 아니네
정신은 아직 청춘의 길을 걷는데
머리 위에는 벌써 벚꽃이 활짝 피었구나

춘심행(春心行)

세세춘래신춘래(歲歲春來新春來)
연년여춘향추매(年年余春向秋邁)
척촉앵화호시절(躑躅櫻花好時節)
흑반작반자화개(黑斑雀斑自花開)
은하야공밀자수(銀河夜空密刺繡)
여발하행희소해(予髮何行稀疎奚)
재산전축사풍소(財産前蓄似風消)
협액전묘생수배(狹額田畝生數倍)
단지유원무욕심(但只唯願無慾心)
흉리개화난불매(胸裏開花亂不賣)
춘몽위몽춘인생(春夢爲夢春人生)
짐성월잔족취매(斟星月盞足醉梅)

봄마음

해마다 봄은 오는데 새봄으로 오고
해마다 나의 봄은 가을로 가는구나
철쭉, 벚꽃은 좋은 시절이로고
기미, 주근깨는 스스로 꽃 피웠구나
은하수는 밤하늘 빼곡히 수놓는데
내 머릿결, 어디 갔는가, 듬성듬성해
재산은 모으기도 전에 바람처럼 사라지더니
좁은 이마는 밭이랑이 몇 곱절 생겼구나
다만 유일한 바람은 욕심내지 않는 것
가슴속에 피는 꽃은 함부로 팔지 않는다네
봄꿈이 꿈의 봄이 되는 인생
달 잔에 별을 부어 매화에 취하면 족하다네

춘우 서정(春雨抒情)

산개무금조기상(山蓋霧衾早起床)
화용유유습우향(花容類類濕雨香)
고목발아석세안(古木發芽石洗顔)
삼라만상익춘몽(森羅萬象溺春夢)
계수계동조류락(溪水悸動鳥類樂)
여흉격동우로흥(余胸激動雨路興)
차여춘일체루호(此麗春日涕淚好)
화우우화유여상(花雨雨華遊予相)

봄비 내리는 날

산이 안개 이불 덮고 자다 일찍 일어나니
꽃 얼굴마다 비 향기에 젖었어라
고목은 싹이 나고 돌도 얼굴 씻으니
세상 만물이 봄꿈에 빠졌노라
시냇물 두근거리고 새들은 즐거우니
내 가슴도 두근거려 빗길도 흥겨워라
이 고운 봄날이 눈물 나도록 좋으니
꽃비여, 비꽃이여, 나와 함께 놀자

춘몽(春夢)

도잠귀거래송년(陶潛歸去來送年)
적선귀천전구년(謫仙歸天前久季)
붕안행음시대작(朋安行吟詩對酌)
음한월배현성현(飮漢月杯見聖賢)

봄꿈

도연명은 고향에 돌아가 세월 보내고
이태백은 오래전에 하늘로 돌아갔네
시 읊고 술 나눌 친구는 어디 갔는가
달 술잔에 은하수를 마시고 성현을 뵈오리

춘향지심(春香之心)

청천무운화여심(青天無雲畵余心)
용비천무여의주(龍飛天無如意珠)
지여흉심함홍옥(持予胸深含紅玉)
약기연수천여주(若其然繡天與主)

춘향의 마음

푸른 하늘 구름 없사와 제 마음 그립니다
용이 하늘 나는데 여의주가 없으니
제 가슴속 깊이 품은 붉은 구슬 가져가셔요
그리하면 임과 함께 하늘 수놓으리라

연리지(連理枝)

천근성군연이광(天根星群戀以光)

지근성군집여수(地根聖君執余手)

일월시기수지고(日月猜忌雖枝枯)

상심맹서영원수(相心盟誓永遠樹)

연리지(連理枝)

하늘 끝 별들은 빛으로 사모하는데
땅속 성스러운 임, 내 손을 잡으셨네
해와 달 시기하여 비록 가지 메말라도
서로의 마음 맹세는 영원한 나무라네

어 춘로(於春路)

토흉접우만물생(土胸接雨萬物生)
춘광고창유여행(春光叩窓誘旅行)
유어하처화개소(留於何處花開笑)
동행여수춘향앵(同行與誰春香鶯)
약심평화사계춘(若心平和四季春)
최고행복무욕생(最高幸福無慾生)
인생로일장춘몽(人生路一場春夢)
왕래문원육시맹(往來文園育詩萌)

봄길에서

흙가슴이 비를 만나니 만물이 살고
봄 햇살이 창을 두드리니 나들이를 유혹하도다
어디에 머물러도 꽃이 피어 웃고
누구와 동행하든 봄 향기 꾀꼬리로다
마음이 평화로우면 사계절이 봄이요
최고의 행복은 욕심 없는 삶이로다
인생길은 한바탕 봄꿈이러니
글동산 왕래하며 시의 새싹 기르리

춘춘(春春)

- 행복한 동행 이장환

행운유수천지의(行雲流水天之意)
복락세계지지지(福樂世界地之志)
한가세월수지의(閑暇歲月誰之意)
동반인생인지지(同伴人生人之志)
행화도화하시절(杏花桃花何時節)
이화춘풍여지지(李花春風余之祉)
장곡협로여호호(長曲狹路予好好)
환생동행영원희(還生同行永遠囍)

봄봄

- 행복한 동행 이장환*

떠가는 구름, 흐르는 물은 하늘의 뜻이요
행복과 안락의 세계는 땅의 뜻인 바
한가로운 세월은 누구의 뜻인가?
함께 살아가는 인생은 사람의 뜻이다
살구꽃, 복사꽃은 어느 시절인가?
배꽃에 봄바람은 나의 복이라
길고 굽고 좁은 길도 난 좋고 좋아라
다시 태어나 함께한다면 영원한 기쁨이고 기쁨이어라.

* 행복한 동행 이장환(李長煥) 님은 광주 첨단산악회 회원으로 등산과 자전거 하이킹을 즐김.

회삭(晦朔)

수성군광휘고심(雖星群光輝孤深)
우운획화적우심(又雲劃畵寂尤深)
별리연군하행로(別離戀君何行路)
단심중만월심심(但心中滿月尋尋)

그믐과 초하루

별들이 아름답게 빛나도 외로움 깊어라
또 구름이 그림을 그려도 쓸쓸함 더욱 깊어라
떠나간 그리운 임은 어디로 갔을까
마음속 보름달만 찾고 또 찾아라

제2부

여름

- 죽녹원에서

심란(心蘭)

허공연수사무상(虛空延手似舞像)
토중족상잠명상(土中足像潛瞑想)
연인아순하일접(戀人雅脣何一蝶)
편편비비여몽중(翩翩飛飛余夢中)

마음 난초

허공에 뻗은 손은 춤을 추듯이
흙속에 내린 발은 명상에 잠기듯
임의 입술은 나비 한 마리인가
훨훨 날아다니네, 내 꿈속에서

유월지심(六月之心)

군조심심삼(群鳥尋深森)
수목작녹음(樹木作綠陰)
유두계곡상(流頭溪谷爽)
청산불변심(青山不變心)

유월의 마음

새떼들은 깊은 숲속을 찾고
나무들은 그늘을 드리웠네
유둣날 계곡은 시원하고
청산은 마음 변치 않네

하지 풍경(夏至風景)

조조석류소어양(早朝石榴笑於暘)
백주백운화어강(白晝白雲畵於江)
양총서저풍요절(洋蔥薯藷豊饒節)
요조숙녀미어항(窈窕淑女美於嫦)
하주수장여애단(夏晝雖長余愛短)
하야수단여련장(夏夜雖短予戀長)
애함죽흉사향천(愛含竹胸使向天)
연절단건어지상(戀切斷乾於地上)

하지 풍경

이른 아침 석류는 해돋이에 웃고
한낮 흰 구름은 강에 그림을 그리누나
양파와 감자가 풍요로운 절기이니
요조숙녀는 항아보다 아름답도다
여름 낮은 길지만 내 사랑은 짧고
여름밤은 짧지만 내 그리움은 길어
사랑은 대나무 가슴에 넣고 하늘 뻗게 하고
그리움은 싹둑 잘라 땅 위에 말리리라

서월(曙月)*

애시만월휘(愛時滿月輝)
별시서낙월(別時西落月)
원망라홍안(願望拏紅顔)
여정염심궐(餘情艶心闕)

---

* 서월(曙月) = 잔월(殘月)
제목 '새벽달'은 '효월(曉月)'로 음력 하순 새벽에 지는 달.
하지만 여기서의 '새벽달'은 하순의 의미를 담지 않았음.

새벽달

사랑할 때는 보름달 밝았는데
이별할 때는 서쪽 지는 달이어라
붉은 얼굴 붙잡아 두고 싶은데
남은 정은 마음 대궐에서 곱기도 하여라

춘향 하우(春香夏雨)

보석낙하어운천(寶石落下於雲天)
여창자연수정문(女窓自然水晶門)
산중초목착녹의(山中草木着綠衣)
심중죽필획홍문(心中竹筆劃紅紋)
수주집합해추강(水珠集合海追江)
여심개화몽종군(余心開花夢從君)
운우조화만물생(雲雨造化萬物生)
여연정인만향순(予緣情人滿香脣)

춘향의 여름비

구름 하늘에서 보석이 떨어지니
여인의 창이 저절로 수정문이네요
산중의 초목은 초록옷 입었는데
마음속 대붓은 붉은 무늬 그려요
물방울은 모여서 강물 따라 바다로
내 마음은 꽃 피어 임 따라 꿈으로
구름과 비는 만나서 만물이 살고
나는 임을 만나서 입술에 향 가득해요

임우(霖雨)

천지광심화운무(天之廣心華雲霧)
지지열흉비천무(地之熱胸飛天舞)
여여여우함우화(汝余與遇含雨華)
강산애애유환루(江山靄靄流歡淚)

장맛비

하늘의 넓은 마음, 운무의 꽃이 피니
땅의 뜨거운 가슴, 하늘 춤으로 나네
그대와 내가 만나 비꽃을 머금으니
강산은 구름 피어올라 기쁨의 눈물 흘리네

간망월(看望月)

원월승기해수무(圓月升起海水舞)
해중자웅해상무(海中雌雄蟹相撫)
만월영산삼림가(滿月映山森林歌)
야상대맥적어무(野上大麥笛韻歒)
수연명월극청수(雖然明月極淸秀)
흉중군안시전무(胸中君顔示全無)
개화낙화종절후(開花落花從節候)
우군사여여의후(遇君使余如意逅)

보름달을 보며

보름달이 뜨니 바닷물 춤추고
바닷속 암게, 수게 사랑 나누네
보름달이 산을 비추니 숲은 노래하고
들 위의 보리는 이랑에 피리 소리라
아무리 명월이 빼어나게 아름다워도
가슴속 임의 얼굴 전혀 보이지 않는 걸
꽃이 피고 지는 것은 절후를 따르지만
임을 만나는 것은 내 뜻대로 만나게 해주셔요

부유(蜉蝣)

금천생사명(今天生死命)
물언명천존(勿言明天存)
하시비상천(何時飛翔川)
애촌음애현(愛寸陰愛現)

하루살이

오늘 태어나 오늘 죽는 목숨
내일이 있다고 말하지 말라
어느 때 냇가를 날 것인가
짧은 시간 아껴 현재를 사랑하리

성하 일기(盛夏日記)

임우장장범람강(霖雨長長氾濫江)
백발단단낙상상(白髮短短落上床)
삼중비조귀소행(森中飛鳥歸巢行)
책중산사불해장(册中散思不解章)
염천신구착지면(炎天身軀着地面)
수인준동입지망(雖蚓蠢動入蜘網)
약수문여여지원(若誰問余予之願)
상선여수유일망(上善如水唯一望)

성하 일기(盛夏日記)

장맛비 길고 길어 강 넘치는데
백발은 짧고 짧아 상 위에 떨어지네
숲속 나는 새는 둥지 찾아가는데
책 중에 흩어진 생각, 글 이해 못하네
무더운 날, 몸은 땅에 붙어 있는데
지렁이가 꿈틀거린들 거미줄에 들까
만약 누군가 내 바람을 묻는다면
물처럼 사는 것이 유일한 소망이라고

소서 일기(小暑日記)

서과향과와어야(西瓜香瓜臥於野)
선여금충유어상(蟬與金蟲遊於橡)
염천맹렬입심산(炎天猛烈入深山)
망서위선어산상(忘暑爲仙於山上)

소서 일기(小暑日記)

수박, 참외는 들에 누워 있고
풍뎅이, 매미는 상수리나무에서 노네
몹시 더운 날씨에 깊은 산에 들어가니
더위를 잊고서 산 위의 신선 되었노라

대화 하현(對話下弦)

신천청해일편주(晨天青海一片舟)
무노무심행안주(無櫓無心行安洲)
재성적주향남방(載星積酒向南方)
수작방주어우주(酬酌放舟於宇宙)

하현달과의 대화

새벽하늘 푸른 바다 조각배 하나
노도 없이 빈 마음 어느 물가 가는지
별 싣고 술 쌓아 남쪽으로 간다오
우주에 배 놔두고 술잔 주고받읍시다

죽부인(竹夫人)

위봉군편편세월(爲逢君編編歲月)
수부금슬부고독(雖不琴瑟否孤獨)
하래하래몽중래(何來何來夢中來)
천공여흉만성속(穿孔余胸滿星屬)

죽부인(竹夫人)

당신 만나려고 세월을 엮었어요
금슬은 아니지만 외롭진 않을 거예요
언제, 언제 오시나요, 꿈에나 오시나요
뻥 뚫린 이내 가슴, 별 가득 차 있는데

어 죽녹원(於竹綠園)

마백운묵앙정지(磨白雲墨仰貞志)
수유필적어천지(誰遺筆跡於天紙)
수요어풍근부동(雖搖於風根不動)
허체우심죽심지(虛體又心竹心之)

죽녹원(竹綠園)에서

흰 구름 먹물 갈아 곧은 뜻 우러르며
누가 하늘 종이에 붓 발자국 남기나
비록 바람에 흔들려도 뿌리는 흔들리지 않는
몸도 비우고 마음도 비우는 대나무의 마음이라오

심기(心器)

소기대기분영허(小器大器分盈虛)
심기무계성군거(心器無界星群居)
인욕별선악갑을(人欲別善惡甲乙)
여심단존불요어(余心但存不要語)

마음 그릇

작은 그릇, 큰 그릇은 차고 넘침을 구별하지만
마음 그릇 경계 없어 별무리 산다네
사람은 선과 악, 갑과 을을 나누려 하지만
이내 마음 다만 존재할 뿐, 말이 필요 없다네

훤화(萱花)

설악심처방소저(雪嶽深處芳小姐)
인수대홍루무어(因誰待紅淚無語)
보우심지무인연(步又心止無因緣)
이실혼여여욕거(已失魂與汝欲居)

원추리꽃

설악산 깊은 곳에 꽃다운 아가씨
누구를 기다리기에 말 못하고 눈물 붉었나
걸음도 심장도 멈추는 인연은 없으리라
이미 넋을 잃었으니 그대와 함께 살고 싶어라

장미(薔薇)

언대화원명칭여(言對花元名稱汝)
불행천리심향려(不行千里心香麗)
유단사상득개세(唯但思想得皆世)
약포여흉황몽로(若抱余胸徨夢路)

장미(薔薇)

꽃이라 함은 그대를 이름이라
천리를 가지 않고도 마음 향기 곱고
생각만으로도 모든 세상 얻었으니
만약 내 가슴에 안긴다면 꿈길 헤매리라

능소화(凌霄花)

장발양광려사사(長髮陽光麗似紗)
영접하우우가가(迎接夏雨尤佳佳)
향천상승헌하언(向天上昇獻何言)
향지하강전하사(向地下降傳何思)
월장연군하귀래(越牆戀君何歸來)
혈신자애송지하(孑身紫哀送至遐)
허송세월불재래(虛送歲月不再來)
향군애심영원가(向君愛心永遠可)

능소화(凌霄花)

햇살에 긴 머리카락 비단처럼 고운데
여름비 맞이하니 더욱 더 아름다워라
하늘 향해 올라가 무슨 말씀 드릴까
땅을 향해 내려가 무슨 생각 전하는가
담장 너머 그리운 임은 언제 돌아오시는지
외로운 몸 붉은 슬픔 멀리까지 보내네
헛되이 보낸 세월 다시 오지 않지만
임 향한 사랑의 마음은 영원하여라

어 운봉(於雲峯)

백운포청산(白雲抱靑山)
운봉위천기(雲峯爲天倚)
여구위신선(余軀爲神仙)
망용약기기(望踊躍其倚)

운봉(雲峯)에서

흰 구름은 푸른 산을 껴안고
구름 봉우리는 하늘 징검다리 되었네
이내 몸 신선이 되어서
그 징검다리에서 뛰놀고 싶어라

민망(民望)

부지침세월(不知沈歲月)
무지화난다(無智禍難多)
불식몰국위(不識沒國威)
유민망하야(唯民望下野)

국민의 희망

세월이 가라앉음을 알지 못하고
지혜롭지 못하여 재앙과 환난이 많도다
나라의 권위가 없어짐을 알지 못하니
오직 국민의 희망은 물러나길 바랄 뿐

어여(於汝)

물시비시비(勿是非是非)
매진추미래(邁進追未來)
세월부대여(歲月不待汝)
하허송현재(何虛送現在)

그대에게

옳고 그르다, 잘잘못을 따지지 말고
미래를 추구하며 전심전력을 다하여 나가라
세월은 그대를 기다려 주지 않나니
어찌 지금 이 시간을 헛되이 보내겠는가

찬주가(讚酒歌)

주비류직하(酒飛流直下)
심자통불언(心自通不言)
하시비홍진(何是非紅塵)
월사주잔선(月事酒盞仙)

술을 찬미하는 노래

술은 폭포처럼 목구멍으로 넘어가고
마음은 말하지 않고도 저절로 통한다
번거롭고 속된 세상, 잘잘못 따져 무엇하리오
달을 술잔 삼으면 신선인 것을

천사섬십이사도길*

천하해상군도가(天下海上群島歌)
사장파도군무가(沙場波濤群舞佳)
섬섬옥수호백구(纖纖玉手呼白鷗)
십리백운명화가(十里白雲名畵可)
이백호강포월사(李伯好江抱月死)
사심애해옹하사(紗心愛海擁何死)
도잠주잔붕오류(陶潛酒盞朋五柳)
길상여해우은하(吉祥余海友銀河)

* 신안 섬티아고 12사도 순례길은 전라남도 신안군 압해도와 증도 사이에 위치해 있는 섬으로서 대기점도와 소기점도 소악도 진섬, 딴섬 등 5개의 섬으로 구성된 길.

천사섬십이사도길

하늘 아래 바다 위 섬들은 노래하고
모래밭 파도의 군무는 아름답도다
어여쁜 손은 흰 갈매기를 부르고
십 리에 걸친 흰 구름은 가히 명화로다
이태백은 강이 좋아 달 안고 죽었는데
바다를 사랑하는 비단의 마음, 무엇을 안고 죽을꼬
도연명 술잔은 다섯 버드나무를 벗 삼고
좋은 징조의 나의 바다는 은하수를 벗 삼네

청운학숙(青雲學塾)*

최속정신의추정(最速精神宜追正)
최선정도당독서(最善正道當讀書)
책침지몽득우주(册枕之夢得宇宙)
창평고생시차처(昌平高生始此處)

* 청운학숙(青雲學塾): 담양(潭陽) 창평고(昌平高)의 기숙사 이름

청운학숙(青雲學塾)

가장 빠른 것은 정신이니 마땅히 바름을 추구하고
정도로 가는 좋은 방법은 당연히 책을 읽는 것이다
책 베개의 꿈이 우주를 얻으니
창평하고 고상한 삶이 이곳, 청운학숙에서 시작되는도다

화순지사(和順之寺)

무등규봉보어천(無等奎峰保於天)
월출천황도어전(月出天皇導於前)
다탑운주종성군(多塔雲住從星群)
사자쌍봉대전원(獅子雙峰大殿元)
나한만연개오감(羅漢萬淵開五感)
모후유마전불언(母后維摩傳佛言)
심사숙고불하존(深思熟考佛何存)
화순지심진불연(和順之心眞佛緣)

화순의 절

무등산 규봉암은 하늘에서 돌보고
월출산 천황봉은 앞에서 이끄네
다탑봉 운주사는 별 무리를 따르고
사자산 쌍봉사는 대웅전이 으뜸이네
나한산 만연사는 오감을 여니
모후산 유마사는 부처님 말씀 전하네
깊이 생각하니 부처님 어디 계시는가
화순한 마음이 부처님과 참 인연이지

화엄사(華嚴寺)

지리산자체불경(智異山自體佛經)
화엄세계재기경(華嚴世界在其境)
각황전측홍매수(覺皇殿側紅梅秀)
대웅전전석탑경(大雄殿前石塔硬)
입일주문도하처(入一柱門到何處)
일체유심조개경(一切唯心造皆徑)
도지세계경계무(道之世界境界無)
불분천지첨풍경(不分天地瞻風磬)

화엄사(華嚴寺)

지리산 모두가 불경이러니
화엄 세계가 그 품에 있도다
각황전 옆 홍매는 빼어나고
대웅전 앞 석탑은 단단하도다
일주문 들어서면 어느 곳 이를까
모든 것 마음이 짓나니 다 지름길
도의 세계는 경계가 없나니
하늘, 땅 나누지 않고 풍경을 바라보리

제3부
가을
- 황진이의 보름달

입추 서정(立秋抒情)

작일백주선창가(昨日白晝蟬唱歌)
금일심야실솔가(今日深夜蟋蟀歌)
내일여심수탐방(來日余心誰探訪)
여흉돌돌단풍가(予胸突突丹楓佳)

입추 서정

어제 대낮에는 매미 노래하더니
오늘 깊은 밤에는 귀뚜라미 노래
내일 내 마음에는 누가 찾아오려나
내 가슴 두근두근 단풍 아름다운데

백로 서정(白露抒情)

초엽상로함조일(草葉上露含朝日)
상하실솔창추월(床下蟋蟀唱秋月)
연년능시피정주(年年能視彼晶珠)
세세유망차구일(歲歲唯望此軀逸)

백로 서정(白露抒情)

풀잎 위 이슬은 아침 해를 머금고
침상 아래 귀뚜라미 가을 달 노래하네
해마다 저 맑은 구슬 볼 수 있을까?
해마다 이내 몸은 평안함을 바랄 뿐

백로 일기(白露日記)

조일광상어황금(朝日光上於黃金)
초상로선어진주(草上露善於珍珠)
초로인생유무념(初老人生有無念)
하욕심탐방여주(何慾心探訪余宙)

백로 일기(白露日記)

아침 햇살은 황금보다 낫고
풀잎 이슬은 진주보다 낫도다
초로 인생에 무념을 가졌으니
어느 욕심이 내 집을 찾으리오

중추(中秋)

황야작구천우청(黃野雀謳天尤青)
월색용용홍시절(月色溶溶紅柿絶)
작시창공송정인(作詩蒼空送情人)
만월작잔음세월(滿月作盞飮歲月)

한가위

황금벌판에 참새 지저귀니 하늘 더욱 푸르고
휘영청 달 밝으니 홍시가 빼어나게 붉구나
푸른 하늘에 시를 써 그대에게 보내고
보름달은 술잔 삼아 세월을 마시노라

중양절가(重陽節歌)

중구등고천활원(重九登高天闊遠)
여전국주불요원(汝前菊酒不要願)
심심심처춘회환(心心深處春回還)
건배일잔시봉환(乾杯一盞詩峰煥)

중양절 노래

중양절 산에 오르니 하늘 넓고 멀어라
그대 앞에 국화주, 무슨 바람 있으리
마음마다 깊은 곳에 봄 다시 돌아오니
건배 한 잔에 시의 봉우리가 빛나도다

추경(秋景)

입어임리시청천(入於林裏視青天)
입어강변앙모천(立於江邊仰暮天)
개미려불가개목(皆美麗不可開目)
영폐안여자회련(寧蔽眼汝姿繪戀)

가을 경치

숲속으로 들어가 푸른 하늘을 보고
강가에 서서 저문 하늘을 우러러보니
모두가 아름답고 고와 눈을 뜰 수가 없구나
차라리 눈감고 그대 모습 그리고 그리워하리라

추천(秋天)

창해서풍작운파(蒼海西風作雲波)
추야성군성금사(秋夜星群成金沙)
우주충랑어창해(于畫沖浪於蒼海)
우야여여수은하(于夜與汝數銀河)

가을 하늘

푸른 바다 하늬바람 구름 파도 만들고
가을밤 별 무리 금모래 이루었구나
낮에는 푸른 바다에서 파도타기하고
밤에는 임과 함께 별들을 세리라

추분 서정(秋分抒情)

주야장동일월호(晝夜長同日月好)
천지합일만물호(天地合一萬物晧)
세사번뇌하처주(世事煩惱何處駐)
자족인생피고고(自足人生彼高高)

추분 서정(秋分抒情)

밤낮 길이 같으니 해와 달이 좋아하고
천지가 하나 되니 만물이 빛나도다
세상 번뇌가 어느 곳에 머물겠는가?
자족하며 사는 삶이 저리 높디높은데

추분 일기(秋分日記)

춘용모화풍난양(春容貌和風暖陽)
추안색청량무강(秋顔色淸凉霧江)
하일책침득성몽(夏日册枕得星夢)
동천설침지무상(冬天雪衾知無常)

추분 일기(秋分日記)

봄의 얼굴은 화창한 바람, 따스한 햇볕이더니
가을 낯빛은 선선한 안개의 강이로세
여름날 책베개에 별꿈을 얻었으니
겨울철 눈이불 무상함을 알겠네

만월 연가(滿月戀歌)

기망휘천강(幾望輝千江)*
생백인대양(生魄印大洋)**
하행군원용(何行君圓容)
유일심숭앙(唯一心崇仰)

---

* 기망(幾望): 음력 14일의 달
** 생백(生魄): 음력 16일의 달 = 기망(旣望)

만월 연가(滿月戀歌)

음력 14일의 달은 온 강을 빛내고
음력 16일의 달은 큰 바다 비추는데
임의 둥근 모습 어디로 가시는지
오직 한마음 높이 우러를 뿐인데

황진이지만월(黃眞伊之滿月)

야공화원원화개(夜空花苑圓花開)
강산월광무향매(江山月光無香魅)
연군백심투허공(戀君白心投虛空)
여심세시포애애(余心說詩抱哀愛)

황진이의 보름달

밤하늘 꽃밭에 둥근 꽃 피었네
강산의 달빛은 향기 없어도 매혹적인데
사랑하는 임의 하얀 마음, 하늘 던졌나
내 맘은 서글픈 사랑 안고 시를 달래네

행복(幸福)

가시안전하여재(可視眼前何余財)
추종급급하득총(追從急急何得摠)
첨위약기전욕심(僉位若棄全慾心)
유여풍월수성총(遊與風月受星寵)

행복(幸福)

눈앞에 보인다고 어찌 내 것이리
급히 좇아간다고 어찌 다 얻으리
여러분께서 만약 모든 욕심 버린다면
자연과 함께 놀며 별 사랑 받을 텐데

여산(如山)

원운봉부지선도(遠雲峯不知仙島)
근송백기품고고(近松柏氣稟高高)
하시아심종산도(何時我心從山道)
누심번뇌산풍소(累心煩惱山風掃)

산처럼

멀리 구름 덮인 봉우리 신선인지 섬인지
가까이 소나무, 잣나무 기품 높고 높도다
어느 때 내 마음, 산의 도(道) 따를까
마음에 쌓인 번뇌를 산바람이 쓸어버리네

비선가(飛仙歌)

풍운상봉화어산(風雲相逢畵於山)
여여비공홍폭산(汝余飛空虹瀑散)
불선붕비구만리(不羨鵬飛九萬里)
작야운우람애잔(昨夜雲雨濫愛盞)

비선의 노래

바람과 구름이 만나 산에 그림 그리고
그대와 허공을 나니 무지개 폭포 흩어지네
붕새 구만 리 나는 것 무에 부러우랴
어젯밤 임과 함께한 사랑 잔 넘치는걸

심로(心路)

여심중유로(余心中有路)
노변화낙화(路邊花落花)
심중화영원(心中華永遠)
군래개소화(君來開笑華)

마음길

내 마음에 길 있네
길가에 꽃은 금방 떨어지는데
내 마음의 꽃은 영원히 피어 있다네
만약 임께서 오신다면 웃음꽃 활짝 피우리

심화(心花)

화단일타잠개화(花壇一朶暫開花)
시위미자급낙화(時爲美姿急落花)
여심홍화영원화(余心紅華永遠花)
연군래허절심화(戀君來許折心花)

마음의 꽃

꽃밭의 한 송이 꽃 잠시 피었다가
때가 되면 어여쁜 모습 금방 져버리네
내 마음 붉은 꽃은 영원히 피는 꽃이지만
사모하는 임 오시면 꺾이어도 좋으리

국화(菊花)

불효유기품(不烋有氣品)
강상무불만(降霜無不滿)
소시직유풍(少時直遊風)
위사자헌안(爲死者獻安)
추월주운취(秋月酒雲醉)
여탐주여단(汝耽酒余醉)
불획화시정(不劃畵是情)
일타일타만(一朶一朶漫)

국화(菊花)

뽐내지 아니해도 기품이 있고
서릿발 내리어도 불만이 없다
자랄 때는 꿋꿋하게 바람과 놀고
죽은 이를 위해서는 안식을 바친다
가을 달에 국화주, 구름은 취해 가고
술에 빠진 그대에게 나도 취해 간다
그리지 않아도 그려지는 것, 정이러니
한 송이, 한 송이가 모두 정일레라

대생(對生)

여욕서행세월속(余欲徐行歲月速)
여욕건강질병속(汝欲健康疾病束)
찰나영원잠착각(刹那永遠暫錯覺)
여생단단불선옥(餘生短短不羨玉)

생에 대하여

나는 천천히 가고 싶지만, 세월은 빠르도다.
그대는 건강하고 싶지만 질병에 묶여 있네.
찰나가 영원인 줄 잠시 착각하였도다.
남은 인생, 짧고 짧으니 옥을 부러워하지 않으리.

욕(欲)

의욕행식유(蟻欲行食有)
봉욕비화소(蜂欲飛花笑)
녹욕약우유(鹿欲躍偶誘)
여욕학구도(余欲學求道)

하고자 함

개미가 가고자 하는 까닭은 먹이가 있어서고
벌이 날고자 함은 꽃이 웃어서이다
사슴이 뛰고자 함은 짝이 유혹해서이고
내가 배우고자 하는 까닭은 진리를 깨우치고자 함이다

낙(樂)

생사고락재운명(生死苦樂在運命)
인연열락재천명(因緣悅樂在天命)
여여지락재선계(汝與之樂在仙界)
세상만락재무명(世上萬樂在無明)

즐거움

생사고락은 운명에 달려 있고
인연의 즐거움은 하늘 뜻이라
그대와의 즐거움은 신선 세계라
세상 모든 즐거움이 어둠 속에 있어라

상강일기(霜降日記)

세세연년상강래(歲歲年年霜降來)
추풍홍엽상화개(秋風紅葉霜花開)
과춘연군자애애(過春戀君自愛愛)
만추사여춘몽매(晩秋思余春夢邁)
욕집청춘기도망(欲執青春豈逃亡)
불청백발기좌재(不請白髮旣坐在)
인생의미유어락(人生意味有於樂)
보상상화화성해(步上霜花畵星海)

상강일기(霜降日記)

해마다 상강은 오건마는
가을바람에 붉은 낙엽, 서리꽃 피었네
지난봄 임을 생각하자면 저절로 사랑스러운데
늦가을 나를 생각하자니 봄꿈을 달리네
청춘은 잡아두고 싶은데 어찌 도망가고
청하지 않은 백발은 이미 앉아 있네
인생 의미는 즐거움에 있으니
서리꽃 위를 거닐며 별바다를 그리리

대 상강(待霜降)

한로입동군지우(寒露立冬君之友)
추강상무친고주(秋江上霧親孤舟)
노전백로낙서풍(蘆田白鷺樂西風)
만산홍엽위여수(萬山紅葉慰余愁)
천지가화액불요(天地佳畵額不要)
평화장구여지구(平和長久予之求)
수빙설적어문전(雖氷雪積於門前)
거심지침수순수(擧心之針繡純粹)

상강(霜降)을 기다리며

한로와 입동은 상강의 벗인데
가을 강 위에 안개는 외로운 배의 친구라네
갈대밭 백로는 하늬바람 즐기고
온 산 단풍은 내 마음 위로하네
천지가 아름다운 그림이니 액자가 필요 없고
내가 구하는 것은 평화가 오래기만 바란다네
비록 얼음과 눈이 문 앞에 쌓였어도
마음의 바늘을 들어 순수를 수놓으리라

은행수(銀杏樹)

춘광신아출유안(春光新芽出幼顔)
하우녹용소만만(夏雨綠容笑滿滿)
황의황주지추심(黃衣黃珠知秋深)
나신접설각생단(裸身接雪覺生短)

은행나무

봄 햇살에 새싹, 어린 얼굴 내밀더니
여름비에 초록 얼굴, 웃음 가득 찼구나
노란 옷과 구슬, 가을 깊어 감을 알겠고
벗은 몸, 눈 맞으니 인생 짧음 깨닫네

추지도(秋之圖)

야지화수유혹작(野地禾穗誘惑雀)
단풍림광로시작(丹楓林光露詩作)
산천노망무창천(山川蘆芒舞蒼天)
시목홍시시어작(柿木紅柿施於鵲)
만추석양심오미(晩秋夕陽深奧美)
회갑인생치천학(回甲人生恥淺學)
행가음주어월배(幸可飮酒於月杯)
아희환수연불각(我喜歡雖然不覺)

가을의 그림(秋之圖)

황금벌판 벼 이삭은 참새를 유혹하고
단풍 숲 햇살은 이슬에 시를 쓰네
산천에 갈대, 억새, 푸른 하늘에 춤추고
감나무 홍시는 까치에게 베푸는구나
늦가을 해넘이 그윽이 아름다운데
회갑 인생은 얕은 학문이 부끄럽구나
다행히 달 잔에 술 마실 수 있으니
비록 깨우치지 못해도 나는 즐거워라

망 동해(望東海)

천고해심아심안(天高海深我心安)
일망무제파무한(一望無際波無限)
일출홍운천지도(日出紅雲天地圖)
일몰청천화은한(日沒靑天華銀漢)
승선행울릉독도(乘船行鬱陵獨島)
입수심해시경안(入水深海視鯨顔)
천심해심불능지(天心海心不能知)
희여주우유인간(希與酒友遊人間)

동해를 바라보며

하늘 높고 바다 깊어 내 마음 평안하고
아득히 멀고 넓어 파도 끝이 없구나
일출에 붉은 구름, 온 천지가 그림이요
일몰에 푸른 하늘, 은하수 꽃피웠네
배를 타고 울릉도, 독도 가 볼거나
깊은 바다 들어가 고래 얼굴 볼거나
하늘 마음, 바다 마음, 알 길이 없으니
바라는 건, 술친구와 함께 인간세계 놀리라

제4부

겨울

- 겨울의 마음

설죽(雪竹)

사계중공운치우(四季中公韻致優)
각별어동우탁수(各別於冬尤卓秀)
고하필요획회화(固何必要劃繪畵)
유단응시명작우(唯但凝視名作于)
고하필요개가화(固何必要開假花)
영설중여진화우(迎雪中汝眞花于)
망위녹죽이측여(望爲綠竹以側汝)
욕개애화순무구(欲開愛花純無垢)

설죽(雪竹)

모든 계절 중에 그대 운치 뛰어나지만
특히 겨울에 더욱더 빼어나도다
굳이 그림 그릴 필요 있겠는가
그냥 보기만 해도 명작인 것을
굳이 거짓꽃 피울 필요 무어 있겠는가
눈 맞은 그대가 진정 꽃인 것을
그대 곁에 푸른 대나무가 되고 싶어라
순수하고 티 없는 사랑꽃 피울 수 있게

소설 정회(小雪情懷)

건곤상접문(乾坤相接吻)
천지함백문(天地咸白紋)
수목착백의(樹木着白衣)
백로비백운(白鷺飛白雲)
여심상단풍(余心常丹楓)
하불상연군(何不想戀君)
약몽로강설(若夢路降雪)
여단심와전(予丹心臥轉)

소설 정회(小雪情懷)

하늘과 땅이 입맞춤하니
세상이 모두 하얗구나
나무들은 흰옷 입고
백로는 흰 구름 나는구나
이내 마음 늘 단풍이러니
어찌 임을 생각지 아니하리오
만약 꿈길에도 눈이 온다면
내 붉은 마음, 데굴데굴 구르리라

소설 단상(小雪斷想)

개화무지어천전(開花無枝於天田)
낙화유정송어건(落花有情送於乾)
월백설백천지백(月白雪白天地白)
여심화총백면언(余心花叢白綿焉)
족적상설순간소(足跡上雪瞬間消)
하사전전전전전(何思戰戰前錢田)
유일소망우무심(唯一所望友無心)
하습성운어여전(何拾星隕於予前)

소설 단상(小雪斷想)

하늘밭에 가지 없이 꽃 피더니
정겨운 낙화는 하늘이 보낸 것인가
달도 희고 눈도 희고 온 천지가 희니
내 마음 꽃송이도 하이얀 솜이로다
눈 위에 발자국은 순간 사라지나니
무슨 생각으로 돈밭 앞에서 끙끙대리오
유일한 바람은 무심과 벗함이니
내 앞에 별이 떨어진들 어찌 주우리오

대설(大雪)

백화분분락(白花紛紛落)
천지전면금(天地全綿衾)
여순분분홍(女脣芬芬紅)
하처치여금(何處置余衿)

대설(大雪)

하이얀 꽃, 어지러이 떨어지니
온 세상이 전부 솜이불이로다
여인의 입술이 향기롭게 붉으니
나의 옷깃, 어디에 둘까

동심(冬心)

나목흉리사화개(裸木胸裏似花開)
노옹심중유춘재(老翁心中類春在)
엄동설한교항심(嚴冬雪寒教恒心)
개계동심도설매(皆季同心圖雪梅)

겨울의 마음

나목의 가슴속에 꽃이 피듯이
늙은이 마음속에 봄이 있도다
엄동설한은 항심을 가르치나니
모든 계절은 한마음, 설매 그리네

동지(冬至) · 1

한천나목연춘용(寒天裸木戀春容)
냉풍빙주서허공(冷風氷柱書虛空)
장장동야여여단(長長冬夜與汝短)
원불요주위야몽(願不要晝爲夜夢)

동지(冬至) · 1

추운 겨울 나목은 봄 얼굴을 그리워하고
찬바람에 고드름은 허공에 글을 쓰네
아무리 기나긴 겨울밤이라도 임과 함께하면 짧으니
바라건대 필요 없는 낮도 밤 꿈이었으면

동지(冬至) · 2

수야장장하소용(雖夜長長何所用)
흉중시종정지상(胸中時鍾停止狀)
수야은하다불용(雖夜銀河多不用)
심리성군이유성(心裏星君已流星)

동지(冬至) · 2

밤이 길어 봐야
무슨 소용 있나

가슴속 시계는
멎어 있는걸

밤하늘 별 무리
많으면 뭐하나

마음속 별님은
별똥별인걸

동지 서정(冬至抒情)

천지순백청송희(天地純白青松熹)
백설입정호구미(白雪入鼎呼口味)
설상족흔수지적(雪上足痕誰之跡)
회두간이매설리(回頭看已埋雪裏)
세세동래치연륜(歲歲冬來置年輪)
연년우소고독기(年年友少孤獨己)
일월성신탐하처(日月星辰探何處)
안면작반성성휘(顔面雀斑成星彙)

동지 서정(冬至抒情)

온 세상이 하야니 푸른 솔 빛나고
솔에 들어간 흰 눈은 입맛 부르는데
눈 위의 발자취는 누구의 것인가
뒤돌아보니 이미 눈 속에 묻혔네
해마다 겨울은 와서 나이테를 두고
갈수록 벗은 적어서 외로운 몸이라네
일월성신을 어느 곳에서 찾을까
얼굴의 주근깨가 별 무리를 이루네

동지(冬池)

원앙군유어동지(鴛鴦群遊於冬池)
자연일폭위화지(自然一幅爲畵紙)
어여심연홍매영(於余心淵紅梅影)
수파상향홍동위(水波上香紅動爲)

겨울 연못

겨울 연못에 원앙 무리 노니니
자연스레 한 폭 그림이 되었구나
내 마음 연못에는 홍매 그림자라
물결 위에 향기가 붉게 출렁이는구나

동천(冬天) · 1

한신천무운일점(寒晨天無雲一點)
수소위반월점점(垂笑爲半月漸漸)
기여심리유우주(旣余心裏有宇宙)
당침반월은하첨(當枕半月銀河瞻)

겨울 하늘 · 1

차가운 새벽하늘에 구름 한 점 없으니
반쪽이 되어 가는 달이 부끄러이 웃네
이미 내 마음속엔 우주가 들어 있으니
반달을 베개 삼아 은하를 우러러보리라

동천(冬天) · 2

백상조어청화지(白想鳥於青畵紙)
냉풍반견고의지(冷風反堅固意志)
오욕칠정단허지(五慾七情但虛枝)*
무심비행어풍지(無心飛行於風指)

---

* 오욕(五慾)

(1)[불교] 불도를 닦는 데 장애가 되는 다섯 가지 욕심. 재물(財物), 색사(色事), 음식(飮食), 명예(名譽), 수면(睡眠)을 이른다.

(2) [불교] 중생의 참된 마음을 더럽히는 다섯 가지. 즉 색(色), 성(聲), 향(香), 미(味), 촉(觸)을 이른다.

칠정 [七情]

(1) 사람의 일곱 가지 감정. 기쁨, 노여움, 슬픔, 즐거움, 사랑, 미움, 욕심, 또는 기쁨, 노여움, 근심, 생각, 슬픔, 놀람, 두려움을 이른다.

겨울 하늘 · 2

푸른 도화지에 하얀 생각의 새
차가운 바람이 오히려 의지를 견고히 하네
오욕칠정은 다만 허무의 가지일 뿐
무심히 바람이 가리키는 데로 날아가네

동천(冬天) · 3

월백설백천지백(月白雪白天地白)
여백지미불요백(餘白之美不要白)
백학일쌍비천백(白鶴一雙飛天白)
여백여백동심백(汝白余白同心白)

겨울 하늘 · 3

달도 하얗고 눈도 하얗고 천지도 하야니
여백의 미는 말할 필요 없구나
백학 한 쌍, 하늘 나는 것도 하야니
그대도 하얗고 나도 하얗고 한마음으로 하얗구나

강설(江雪)

설화어천막하강(雪花於天幕下降)
곡강영설불평정(曲江迎雪不平靜)
공기설용동어응(恐其雪溶凍於膺)
엄동기과복어흉(嚴冬幾過伏於胸)
수세월유종운풍(雖歲月流從雲風)
정분적적동강상(情分積積凍江上)
단애주어강변붕(但愛舟於江邊繃)
적설심강전부종(積雪心江全不踪)

강설(江雪)

하늘 휘장에서 눈꽃이 떨어지니
굽은 강은 설레어 눈 맞이하네
그 눈 녹을까 봐 가슴에 얼려 두고
겨울이 다 지나도록 가슴에 품고 있네
세월은 구름 따라 바람 따라 흘러가도
정분은 언 강 위에 소복소복 쌓여가네
강가에 사랑의 배는 잘 묶어 두었건만
마음의 강에 쌓인 눈은 발자취 전혀 없네

대한 일기(大寒日記)

천상운단작설화(天上雲團作雪花)
지상만물첨화자(地上萬物瞻華姿)
산야적설자액자(山野積雪自額子)
야상규목고군자(野上槻木孤君子)
설상가상자연의(雪上加霜自然意)
금상첨화인간자(錦上添花人間慈)
수혹한항춘지도(雖酷寒抗春之道)
흉중춘정감거하(胸中春情敢拒何)

대한 일기(大寒日記)

하늘의 구름 떼가 눈꽃을 만드니
땅 위의 만물은 눈부신 자태 쳐다본다
산야의 쌓인 눈은 저절로 액자이니
들 위에 느티나무는 홀로 군자로구나
눈 위에 서리 덮치는 것은 자연의 뜻
비단 위에 꽃 없는 것은 인간의 사랑
아무리 혹한이 봄의 길 막는다 해도
가슴속 봄의 정취를 어찌 막으리

산지교(山之敎)

약등고산자비산(若登高山自卑山)
재어고산포측산(在於高山抱側山)
물선급등여자연(勿羨急登與自然)
무초완하락평안(毋焦緩下樂平安)
욕등다산지산심(欲登多山知山心)
망접명산수심산(望接名山修心山)
아산불변인이변(哦山不變人易變)*
기운번뇌학산안(棄雲煩惱學山顔)**

---

* 7행의 '아(哦)': 읊을 아, 가볍게 놀라 지르는 소리. 아~, 오~!!
** 8행의 ''안(顔)': 얼굴 안, 산이 높은 모양

산의 가르침

높은 산 오르려면 낮은 산부터 오르고
산꼭대기 있을 때는 곁의 산 안아주라
급히 오르는 것 부러워 말고 자연과 함께할 것이요
더디 내려간다고 초조하지 말고 평안을 즐기라
많은 산을 오르는 것도 좋지만 산의 마음을 알고
이름난 산을 접하는 것도 좋지만 마음의 산을 닦으라
아, 산은 변함이 없건만 사람은 쉽게 변하니
구름 번뇌 버리고 산의 얼굴을 배우라

설악산(雪岳山) · 1

운해중선부(雲海衆船浮)
청천석화개(晴天石花開)
여여개신선(汝予皆神仙)
망아비선대(忘我飛仙臺)

설악산(雪岳山) · 1

구름바다에 뭇 배들 떠 있더니
갠 하늘에 돌꽃 피었어라
너도나도 모두 신선이러니
비선대에서 나를 잊었노라

설악산(雪嶽山) · 2

약지산심거설악(若知山心去雪嶽)
지설악심시비선(知雪岳心視飛仙)
지비선심입금굴(知飛仙心入金窟)
여심거성군함준(余心居星群咸寯)

설악산(雪嶽山) · 2

산의 마음을 알려거든
설악산으로 가고
설악산의 마음 알려거든
비선대를 보라
비선대의 마음 알려거든
금강굴로 들어가라
거기에 내 마음 살거니
우주의 별들이 다 여기 모였노라

어 도락산(於道樂山)*

안분지족여지복(安分知足汝之福)
안빈낙도여지덕(安貧樂道余之德)
하유필요산고하(何有必要山高下)
유일사허심도락(唯一事虛心道樂)

---

* 도락산: 충북 단양의 산

도락산(道樂山)에서

안분지족은 그대의 복이요,
안빈낙도는 나의 덕이니
산의 높고 낮음이 무슨 필요 있겠는가?
유일한 일이란 마음을 비우고 도를 즐길 뿐.

속리산가(俗離山歌)

창공암병자수묵(蒼空巖屛自水墨)
계요수무신선국(溪謠樹舞神仙國)
천왕문장심상통(天王文藏心相通)
여우위선비사학(余又爲仙飛似鶴)

속리산(俗離山) 노래

푸른 하늘, 바위 병풍 저절로 수묵화라
계곡 물 노래, 나무들 춤, 신선의 세계이도다.
천왕봉, 문장대 마음 서로 통하니
나도 신선이 되어 학처럼 날도다.

어 월봉산(於月峰山)

월봉설봉심화봉(月峰雪峰心花峰)
낙설어화하행봉(落雪於華何行蜂)
우주은하함회차(宇宙銀河咸會此)
불선세사봉주공(不羨世事逢酒公)

월봉산(月峰山)에서

월봉산 눈봉우리, 마음엔 꽃봉오리
꽃에 눈 떨어졌는데 벌은 어디 갔는가
우주 모든 별들이 여기에 다 모였으니
세상사 부러워하지 않고 술친구 만나리

운대산가(雲臺山歌)

선착운의천지백(仙着雲衣天地白)
선녀탈의우곡백(仙女脫衣又谷白)
유단여심치하처(唯丹余心置何處)
척촉타타어선액(躑躅朶朶於仙腋)

운대산의 노래

신선이 구름옷을 입으니 천지가 하얗고
선녀가 옷을 벗으니 계곡마저 하얗도다
오직 붉은 이내 마음 어디에 둘 것인가
신선의 소매에 철쭉꽃 송이송이

소림사훈(少林寺訓)

청물훤화묵시언(請勿喧譁默是言)
득도수행자아건(得道修行自我建)
무술연마도어선(武術研磨到於禪)
망아망자연최선(忘我忘自然最善)

소림사 가르침

청컨대 시끄럽게 떠들지 마오, 고요가 곧 말씀이니
도 닦아 수행하는 것이 자아를 세우는 것이요
무술을 연마하는 것이 선(禪)에 이르는 것이며
자신을 잊고 자연을 잊는 것이 최선이나니

숭산(嵩山)

유산고숭산(由山高嵩山)
곡고산숭산(曲高山嵩山)
세인측고저(世人測高低)
기심불가산(其心不可算)

숭산(嵩山)

산이 높아서 숭산인가
높은 산이어서 숭산인가
세상 사람들은 높낮이를 헤아리지만
그 마음 셈할 수 없네

동조(冬釣)

엄동천공어동지(嚴冬穿孔於凍池)
하강조륜포부리(下降釣綸捕鮒鯉)
어불획지조세월(魚不獲只釣歲月)
조세월하무어미(釣歲月何無於罙)

겨울 낚시

추운 겨울, 언 연못에 구멍을 뚫었네
붕어, 잉어 잡으려고 낚싯줄 내렸네
고기는 잡히지 않고 세월만 낚았네
세월을 낚고 보니 그물엔 아무것 없네

세한도(歲寒圖)

유일조초요한풍(唯一燥草搖寒風)
장막주인상하행(帳幕主人想何行)
설우강공어혹한(雪又降恐於酷寒)
노송여백의지생(老松與栢依支生)
여욕소식식탐다(余欲小食食貪多)
아욕다득기실풍(我慾多得其實風)
하처재회산낙엽(何處再會散落葉)
세월호장무상망(歲月呼長毋相忘)

세한도(歲寒圖)

마른 풀만이 찬바람에 나부끼는데
장막의 주인은 어디 갔을까?
눈마저 내리기 두려운 혹한에
늙은 소나무와 잣나무, 의지하며 사네
적게 먹고자 했으나 식탐은 많았고
많은 것 얻고자 했으나 바람이었네
어디서 흩어진 낙엽, 다시 만날까
세월이여, 오래도록 잊지 말세

정문규 제2한시집

가슴속에 피는 꽃

초판발행일 2024년 5월 30일

지은이 : 정문규
펴낸곳 : 도서출판 문학공원
발행인 : 김순진
편집장 : 전하라
디자인 : 김초롱
등록 : 2004년 3월 9일 제6-706호
주소 : (우편번호 03382)서울 은평구 통일로 633
녹번오피스텔 501동 302호 스토리문학사
전화 : 02-2234-1666
팩스 : 02-2236-1666
홈페이지 : https://blog.naver.com/ksj5562
이메일 : 4615562@hanmail.net

※ 잘못된 책은 교환해 드립니다.
※ 책값은 뒤표지에 있습니다.